RELIURE SERRÉE
ABSENCE DE MARGES INTÉRIEURES

Couverture inférieure manquante

ORIGINAL EN COULEUR
NF Z 43-120-8

DE

PARIS A SUEZ

SOUVENIRS

D'UN VOYAGE EN ÉGYPTE

PAR

ÉMILE DE LA BÉDOLLIÈRE

PARIS
LIBRAIRIE GEORGES BARBA
7, RUE CHRISTINE, 7

1870

DE

PARIS A SUEZ

AVIS

Délégué aux fêtes d'inauguration du canal maritime de Suez, j'ai adressé à mon ami I. Rousset, directeur du *National*, des lettres qui ont été favorablement accueillies.

De nombreux lecteurs ont demandé qu'elles fussent réunies en volume.

Les voici.

Le but que j'ai essayé d'atteindre en les écrivant, c'est de substituer à mon individualité celle des personnes qui voudront bien les lire, de leur communiquer mes propres impressions, de leur faire voir ce que j'ai vu.

DEBUT DE PAGINATION

La vérité dans les tableaux comme dans les appréciations, voilà ce que j'ai cherché.

Ai-je réussi? Jugez-en.

ÉMILE DE LA BÉDOLLIÈRE.

DE

PARIS A SUEZ

I

Départ. — Train rapide. — Train des poitrinaires. — Train des invités. — Un Mazas roulant. — La *Guienne*. — Embarquement.

Marseille, 8 novembre 1869.

C'est avec regret, presque avec remords, que j'ai quitté Paris, mon cher ami. Sans parler des affections et des habitudes que j'y laisse, n'avais-je pas l'air de déserter mon poste, moi, vétéran des luttes de la démocratie, disparaissant au milieu de la période électorale, au moment où les orages se déchaînent, où les partis se dessinent, où des professions de foi de nuances diverses diaprent les murs de la capitale? Mais assez d'autres combattent sans moi; n'êtes-vous pas là, vous et mes collègues? Il y avait en Égypte une inauguration solennelle, une fête mémorable, à laquelle le *National* ne pouvait manquer. L'ouverture du canal qui réunit la nouvelle Méditerranée à la mer Rouge et va faciliter le développement du commerce dans des proportions encore incalculables, appelait en Égypte des représentants de toutes les nations, publicistes, savants, ingénieurs, artistes, hauts fonctionnaires, têtes couronnées. C'était un des grands événements du dix-neuvième siècle. N'était-il pas du devoir du *National* d'être à même d'en juger *de visu* et d'en rendre compte à ses lecteurs?

Le sort, je vous l'avoue, au début de mon voyage, ne m'a point favorisé. J'avais pris, le 7, le train qui part de Paris à 7 heures 15 du soir. Il va jusqu'à Nice, et s'appelle le *train rapide*, parce que, réglementairement, il ne doit mettre que seize heures pour aller de Paris à Marseille. On le désigne encore sous la qualification de *train des poitrinaires*, parce qu'il emmène directement à Cannes ou à Nice les valétudinaires qui rêvent un climat meilleur. Le 7 novembre, par exception, il se nommait le *train des invités.*

Je pouvais donc m'attendre à y rencontrer une multitude de confrères et d'amis. Erreur! la plupart avaient pris les devants, et je me suis trouvé seul au milieu de conviés inattendus. A quel titre viennent-ils? je l'ignore. Parmi cette foule de visages vieux ou jeunes, sérieux ou réjouis, je n'ai reconnu que ceux d'Amédée Marteau (de la *Revue contemporaine*), et de l'ancien directeur de l'École préparatoire de marine, M. Loriol, auquel je dois personnellement tant de gratitude!

Ce *train rapide*, ou *des poitrinaires*, se compose d'un petit nombre de wagons. J'ai trouvé, assez péniblement, une place dans une des cellules de ce Mazas roulant déjà très-encombré. Les détenus qui s'y étaient installés avant moi y avaient apporté une fabuleuse profusion de malles, manteaux, sacs de nuit, poulets rôtis, boîtes à sardines, etc. Installé dans ma stalle, je me souvenais involontairement des tortures du pilori; mais les oscillations du train, redoublées par sa vitesse, me ramenaient du moyen âge à l'époque contemporaine, et je réfléchissais aux immenses progrès que nous avons encore à accomplir en fait de chemin de fer comme en tant d'autres choses.

Enfin, nous sommes arrivés à Marseille, avec une heure de retard seulement; la distribution des bagages a pris une heure encore, puis je suis allé retenir ma place et faire enregistrer mes bagages à bord de la *Guienne*, paquebot à vapeur des Messageries impériales.

Nous sommes nombreux à bord. Quelle affluence pour s'inscrire! quels cris! quelles réclamations! Comme on se dispute un coin de ce navire où tant de passagers vont s'empiler pendant une semaine! Dans la cabine que je vais occuper, il n'y a pas moins de six lits superposés, et quels lits! Un homme obèse les écraserait tous successivement. Fasse le ciel que je n'occupe pas le rez-de-chaussée!

Mais enfin, à la guerre comme à la guerre!

Je ne me préoccupe pas des inévitables embarras du voyage, je ne vois que le but!

Le ciel est pur, le soleil a jeté aujourd'hui sur les vagues un éventail de diamants; la mer est belle!

En avant!

II

A bord de la *Guienne*. — Illusions champêtres. — Les passagers. — Caprera. — Heur et malheur.

En mer, jeudi 12 novembre 1869.

Suis-je dans une ferme de Normandie, dans une métairie du Maine ? Les chants des coqs me réveillent ; j'entends caqueter les poules, mugir les bœufs, roucouler les pigeons, crier les canards, bêler les moutons et les chèvres. D'où partent ces bruits champêtres, en pleine mer, quand j'ai perdu la terre de vue depuis deux jours ?

Ils partent des mues et des parcs installés à l'avant du paquebot des Messageries impériales *la Guienne*.

Ces infortunés volatiles ou quadrupèdes, dont les plaintes nous touchent le cœur aujourd'hui, nous les mangerons demain !

Le 9, nous quittions Marseille par une splendide matinée.

Cent cinquante passagers ont pris place à bord.

Je citerai parmi eux MM. Duruy, ancien ministre de l'instruction publique, sénateur ; l'astronome Faye, membre de l'Académie des sciences, auteur de travaux célèbres sur l'*Anneau de Saturne*, sur les *Déclinaisons absolues*, et sur un *Nouveau collimateur zénithal ;* Brunet de Presles, membre de l'Académie des inscriptions et belles-lettres, que désignait d'avance, comme devant faire partie de l'expédition, sa belle et savante monographie du Sérapéum de Memphis ; le comte d'Enzenberg, le général suédois Etzel ; Joseph Daubresse, délégué par la chambre de commerce de Mons ; Groverman, délégué de la chambre de commerce de Gand ; Ziane, directeur des Forges de la Providence, délégué de la chambre de commerce de Charleroi ; Frédérix et Bérardi, de l'*Indépendance belge ;* Cambon, de l'*Avenir national ;* Amédée Marteau, de la *Revue contemporaine ;* Heyt van Zouteveen, du *Het Vaderland*, de la Haye ; Robert Halt, du *Dagens Nyheder*, et Hausen, du

Dagbladet, de Copenhague ; Hermann Gœdsche, de la *Gazette de la Croix;* le docteur Jules Leij, le peintre Portals; M. Saldapena, ancien ambassadeur d'Autriche : belle société comme on le voit !

A minuit, nous apercevons le feu d'Ajaccio, et pendant le reste de la nuit nous avons longé les côtes anfractueuses de la Corse. Le matin, nous nous engagions dans les passes étroites de ces îles rocheuses dont les principales sont la Madeleine et Caprera ; nous pouvions saluer de loin l'habitation de Garibaldi.

La mer était d'un calme admirable.

La *Guienne* était comme un point fixe au centre d'une immense circonférence liquide au-dessus de laquelle s'arrondissait un dôme éblouissant.

Le sillage laissait à l'arrière une grande route large et droite, qu'il traçait écumeuse et blanche sur les vagues bleues.

Le soir, la grande salle commune ressemblait à un café du boulevard des Italiens. Des parties d'écarté, de piquet, de whist, de tric-trac, de dominos étaient engagées. La bière et le grog circulaient. Quelques dames, en toilette élégante, prenaient part aux causeries et aux jeux.

On se sentait si bien, que plusieurs des passagers eussent été disposés à donner leur démission de toutes les fonctions qu'ils occupent pour embrasser la profession de voyageur à bord de la *Guienne*.

On demandait du roulis.

On en a eu.

Le 11 novembre, pendant le déjeuner, la brise s'est élevée, de fâcheuses oscillations ont troublé la quiétude générale et assombri les visages; peu à peu, les tables se sont dégarnies; un trouble irrésistible s'est emparé de la plupart des convives, et, en ce moment même, notre maison flottante est si rudement secouée, qu'il me faut quitter la place.

Nous allons passer devant Messine, sans mettre pied à terre; mais un pilote se charge de nos correspondances.

Nous ne pensons arriver à Alexandrie que dans la soirée de dimanche prochain.

Si la rafale continue, ce sera bien long!

III

Les îles Lipari. — Le volcan de Stromboli. — Souvenirs d'avant le Déluge. — Charybde et Scylla. — Un abordage en mer. — Conférences de M. Duruy. — Arrivée à Alexandrie.

En vue d'Alexandrie, lundi, 15 nov., midi.

Pas de chance, mon cher directeur et ami !

Abordage, gros temps, vents contraires, paquets de mer à bord, rien n'a manqué à la traversée de la *Guienne*, qui mène à l'inauguration du canal de Suez cent cinquante invités du vice-roi d'Égypte.

Dans l'après-midi du jeudi 11 novembre, la *Guienne* avait à bâbord le volcan de Stromboli, dont les crevasses laissaient échapper des volutes de fumée bleuâtre, rayées de stries incandescentes ; à tribord étaient Salina et les autres îles de l'archipel des Lipari.

1.

Toutes ces îles affectent des formes fantastiques; tantôt elles sont dentelées comme des cathédrales du style flamboyant, tantôt elles rappellent par leur configuration ces grands animaux antédiluviens dont on voit les modèles exacts à Sydenham-Palace, les ichthyosaurus, les plésiosaurus, les mégalosaurus et autres monstres dont les crocodiles d'Égypte ne sont qu'une microscopique réduction.

La mer était toujours houleuse; mais lorsque nous eûmes franchi le golfe de Gioja et doublé le cap Faro, elle devint lisse comme un miroir. Les écueils de Charybde et de Scylla, entre lesquels nous passâmes, ne nous causèrent aucune secousse, malgré leur terrible réputation mythologique.

Combien d'écueils pareils nous avons dans la vie! formidables à distance, et qu'il serait facile de surmonter si on les connaissait mieux! Est-ce que bien des puissances, des doctrines, des religions même, ne semblaient pas d'infranchissables barrières contre lesquelles toute tentation de progrès devait se briser?

Est-ce que les hommes des anciens jours ne

reculaient pas devant maints obstacles matériels qui ne sont plus qu'un jeu pour nous?

Charybde et Scylla sont de ce nombre.

A huit heures du soir, nous avions à gauche les côtes de la Calabre, à droite celles de la Sicile, et bientôt nous pouvions voir les quais de Messine, éclairés au gaz, animés par la circulation des voitures et des piétons.

C'était là qu'un pilote devait venir prendre les correspondances du bord.

La *Guienne* ralentit sa marche et allume un signal.

Bientôt une petite lumière danse sur les flots comme un feu follet.

C'est le fanal de l'embarcation que nous attendons. Elle hésite à approcher, appréhendant, elle chétive, le contact d'un bâtiment de cent mètres de long.

— *Accosta, per Dio!* crie le capitaine Caboufigue.

Des réponses inintelligibles et confuses partent de la barque.

— *Non avete paura! Accosta, per Bacco! Aqui è moneda per voi!*

Ces mots décident le patron de la barque à se mettre en communication avec les hommes qui l'attendaient dans le youyou ; il prend nos paquets, reçoit sa rétribution, et gagne Messine au plus vite. Au moment où il s'éloigne, on lui crie :

— *Come va il Re?*

— *Non sapiamo, signor*, dit-il, *non e la nostra causa.*

La *Guienne* poursuit sa route, elle passe devant l'entrée du port de Messine ; vers neuf heures, elle arrive en face de celui de Reggio. La mer est calme, le ciel couvert de flocons de nuages qui tamisent les rayons de la lune.

Le capitaine, sur le gaillard d'arrière, s'entretient avec quelques passagers.

Soudain, des cris de détresse retentissent à l'extrémité opposée de la *Guienne*.

Le capitaine se penche et regarde.

Un brick de commerce, qu'on n'a pu voir à temps, parce qu'il avait trop tard allumé ses feux, vient à la dérive par le travers de notre avant.

Une minute de plus, nous le coupons en deux et lui passons sur le corps.

— Bâbord tout ! crie le capitaine. Allons, passagers ! allons, mes enfants, aidez-moi !

Plusieurs jeunes gens qui se trouvent près de la barre, entre autres MM. Alexandre de Girardin, Bournat, Saint-Marc Girardin, lui impriment une énergique impulsion ; le steamer fait un écart, mais sa manœuvre ne peut empêcher le brick de raser nos flancs, et d'aller se heurter avec fracas contre le tambour de tribord. Ses mâts craquent, se cassent, et couvrent de leurs débris l'équipage, dans les lamentations duquel l'on distingue ces mots :

— *Madona ! Madona ! siamo perduti !*

Une émotion profonde s'empare de tous.. Ces pauvres gens sont-ils blessés, sont-ils morts? Leur frêle navire va-t-il couler bas ? Non ! il flotte encore.

Nous stoppons, et notre capitaine ordonne de mettre à la mer une embarcation pour aller à leur secours, mais en nous longeant à tribord, ils ont tordu les pistolets. Il faut quelque temps pour les réparer. Pendant que l'on s'en occupe et que l'on bouche un hublot qu'ils ont brisé, le brick revient sur nous. Il n'a ni morts, ni blessés, seulement son boute-hors de foc est cassé, son beaupré fendu par le milieu, sa coque à bâbord avariée. Il vient prosaïquement lire sur l'arrière le nom de la *Guienne*, faire constater ses avaries et réclamer des dommages et intérêts. Ce ne sera rien.

La constatation faite, nous nous remettons en route, toute vapeur et toutes voiles dehors; puis nous nous couchons tranquillement! mais nous sommes réveillés par un effroyable roulis. La brise a fraîchi; les lames se dressent en pics ou se creusent en vallons, et, en essayant de se rendormir, chacun songe involontairement à ces vers d'Horace:

Illi robur et æs triplex
Circà pectus erat,
Qui primus fragilem truci
Commisit pelago ratem!

Le vendredi 13, nous prenons nos repas *aux violons*, c'est-à-dire que, par les trous d'archets tendus sur les tables, passent des cordes destinées à retenir assiettes, verres, bouteilles et couverts; le pont est jonché de malades inertes, insensibles, *perindè ac cadavera*. La nuit, la bourrasque redouble. Un voyageur, en cherchant de l'air, ouvre imprudemment un hublot, d'où se précipite une avalanche d'eau, qui le renverse et menace de nous inonder.

La crise ne semble conjurée que dans la soirée.

Le samedi 13, les flots s'aplanissent, lamés d'argent par la lune. On improvise sur le pont des conférences auxquelles M. Duruy apporte le contingent de ses lumières et de son expérience.

Dans la nuit, le gros temps recommence ; il se maintient le dimanche 14, avec le froid, les nuages, un ciel septentrional, et, las d'être ballottés, harassés de fatigue, tous nous battons des mains le matin du lundi 15, à midi, quand nous voyons se dessiner à l'horizon le port, les moulins à vent et les mosquées d'Alexandrie.

Nous n'y restons qu'une heure, et repartons immédiatement pour Port-Saïd.

IV

Port-Saïd. — Bénédiction du canal maritime de Suez. — Discours de l'abbé Bauer.

Port-Saïd, 16 novembre 1869.

Grande et belle journée, mon cher ami ! Toutes nos fatigues sont oubliées ; nous ne regrettons plus d'avoir pour ainsi dire brûlé Alexandrie, d'avoir passé une autre nuit en mer, afin de pouvoir assister à la bénédiction solennelle du canal de Suez. Cette rade encombrée de vaisseaux de toutes les nations : français, anglais, prussiens, autrichiens, italiens, norwégiens, etc. ; ces matelots rangés sur les vergues et faisant retentir l'air de hourras frénétiques ; cette foule cosmopolite accourue pour acclamer l'aurore d'une ère nouvelle de commerce et de civilisation, tout cela présentait un ensemble majestueux, et il n'est pas un seul des assistants qui n'en conserve la mémoire comme celle des plus grands événements dont il ait été témoin.

Port-Saïd, qui n'était, il y a une dizaine d'années, qu'une plage déserte et sablonneuse, est appelé à devenir rapidement un port de premier ordre. Un large bassin a été creusé; des jetées, qui rivalisent avec celles de Cherbourg, ont maîtrisé les vagues; puis une ville s'est formée, ville encore informe, mais qui est déjà le rendez-vous des représentants de tous les pays.

Au premier aspect, on dirait une boîte de jouets de Nuremberg déballés sur une dune. Ces baraques improvisées, ces chalets suisses transportés en Orient, n'ont pas l'air solide, et puis il n'y a autour d'eux qu'une végétation rabougrie; mais attendez! le sol est d'une fertilité prodigieuse, pourvu que l'eau douce n'y manque pas, et déjà des sacrifices considérables ont été faits pour qu'elle arrive en abondance.

La colonie qui s'est installée à Port-Saïd a pour chefs des hommes d'élite; elle puise actuellement ses ressources dans le mouvement que produisent les derniers travaux qui complètent l'œuvre du canal de Suez. Elle en trouvera plus tard d'autres dans l'expansion industrielle et commerciale qui doit résulter de cet immense entreprise si merveilleusement accomplie.

Pour la cérémonie de la bénédiction religieuse, trois kiosques avaient été élevés sur les sables : le premier qu'ornaient de beaux fauteuils en tapisserie de Beauvais, destiné aux princes présents à cette cérémonie; le second, au clergé musulman; le troisième, au clergé catholique. Des détachements de troupes égyptiennes étaient rangés, dès midi, autour de ces trois édifices.

A trois heures, sur la première estrade, ont pris place le khédive, ayant à sa droite la princesse de Hollande, à sa gauche l'impératrice des Français, l'empereur d'Autriche, le prince de Prusse, le duc d'Aoste et le prince d'Orange; derrière eux apparaissait l'austère physionomie d'Abd-el-Kader.

Un vieux et vénérable prêtre, occupant un rang élevé dans la hiérarchie mahométane, a récité des prières; l'archevêque *in partibus* d'Alexandrie, Mgr Ciurcia, a célébré, sous les voûtes du troisième kiosque, les cérémonies du culte catholique; puis, l'abbé Bauër, aumônier des Tuileries, a prononcé, non un sermon, mais un discours. Il y a parlé le moins possible de religion, a loué l'initiative du khédive, a complimenté les souverains présents à la fête, et s'il n'a pas inspiré d'onction à ses auditeurs, il les a du moins entretenus, — ce qui est rare de la part d'un prêtre catholique, — de civilisation et de progrès.

Depuis le matin, les salves d'artillerie n'ont pas cessé. Les batteries nous ont assourdis de leurs détonations et éblouis de leurs jets de flamme.

Ce soir, la ville et les bâtiments en rade sont illuminés par des guirlandes de lanternes vénitiennes et de verres de couleur; des fusées dessinent leurs courbes dans le ciel bleu; à terre, à bord des bâtiments, partout règne une animation extraordinaire, incroyable, surtout si l'on se reporte au passé peu lointain, où Port-Saïd était une solitude.

C'est véritablement une des grandes fêtes de l'Humanité ! Et nos arrière neveux en célébreront avec éclat l'anniversaire, quand à la suite de sacrifices indispensables, ils auront recueilli les fruits de ce percement longtemps regardé comme impraticable et glorieusement accompli par le dix-neuvième siècle.

V

Entrée dans le canal maritime de Suez. — La fertilisation du désert. — Le mirage. — Le *Péluse.* — Réunion cosmopolite. — El Kantara. — Les dragues. — La patrie absente.

Dans le canal de Suez, 18 novembre.

Nouvelle journée d'émotions ! tous les cœurs ont battu, des hourras spontanés sont partis de toutes les bouches, lorsqu'à dix heures dix minutes du matin, sous un ciel du plus pur Orient, le *Péluse* est entré dans le canal de Suez.

Point de pompe, point d'apparat ! sur des caps de sable, aux deux côtés du chenal, qui n'a guère plus de cent soixante mètres de large, avaient été échafaudés, sous la direction d'un habile entrepreneur de Vaugirard, M. Petit-Jean, et peints deux obélisques postiches, dont la base était enjolivée de bouquets et de palmes. Des Arabes, des fellahs, des Nubiens et quelques Européens, abrités sous de larges parasols, rôdaient sur la côte aride, vestibule du grand désert. Leurs acclamations ont répondu aux nôtres, et le *Péluse* franchissant le seuil d'El-Guirz, s'est hasardé dans ce canal qu'une foule de journaux ont rendu prématurément si célèbre par ses prétendus ensablements et les insurmontables difficultés de sa navigation.

Eh bien! en se souvenant de toutes les objections faites à l'entreprise de M. de Lesseps, en voyant commencer une expérience de laquelle dépendent tant de destinées, en remarquant la solidité des berges qui séparent le canal de Suez du désert et des lacs Menzaleh, tous, à bord du *Péluse*, nous avons compris plus que jamais qu'un monde nouveau se créait, qu'un avenir immense s'ouvrait pour ces contrées si longtemps condamnées comme improductives. Je vous l'ai déjà écrit, et mon opinion est confirmée par tous les hommes compétents que j'ai consultés, tant à Alexandrie qu'à Port-Saïd, de l'eau douce, des engrais et les plus riants jardins, les plus luxuriantes prairies, remplaceront cette nappe de sable où nous n'apercevons aujourd'hui que des pélicans et des phénicoptères, rangés le long des étangs salés où le poisson abonde. Les illusions du mirage nous ont montré à l'horizon des villes, des villages, des monuments fantastiques. Ils seront réels un jour.

Peut-être me demanderez-vous, mon cher ami, pourquoi je vous parle du *Péluse*?

C'est que, comme pour ajouter aux complications du voyage, tous les passagers de la *Guienne* ont été transbordés, comme de simples colis. Les tambours de la pauvre *Guienne* ont semblé trop larges et sa marche trop lente, et nous l'avons quittée au moment même où nous commencions à nous y acclimater. Une fusion s'établissait entre les éléments hétérogènes fortuitement réunis à son bord, qui étaient nombreux, différents d'idées, de mœurs, d'habitudes. Les Belges étaient au nombre de vingt-six; la Prusse, la Hollande, le Danemark, la Suède, l'Espagne, l'Angleterre, l'Italie comptaient des représentants. En reconnaissance de l'excellent accueil qu'il avait reçu, Ismaïl-Pacha avait invité plusieurs membres du Jockey-Club, qui, en raison de leur esprit de caste, du particularisme de leurs idées et de l'anomalie de leurs toilettes du matin, pouvaient passer pour une tribu exotique. On s'entendait même avec ces jeunes gens, si frivoles en apparence, et l'on avait fini par lier des conversations générales, intéressantes et instructives.

Mais, comme me dit un Anglais, mon compagnon de voyage : « *It is done! no more of it* (c'est fini ! n'en parlons plus). » Le *Péluse*, poursuivant aisément sa route par le canal que nous inaugurons, nous mène à Ismaïlia, à travers les sables du désert, dont quelques chétives stations attristent plutôt qu'elles n'égayent la monotonie, car on ne peut s'empêcher de penser au misérable sort des pauvres diables qui végètent sur ces dunes, d'une implacable stérilité.

A trois heures, nous passons devant el Kantara (en arabe, *le pont*), qui servait jadis de communication entre la Nubie et la Syrie, et qui, renaissant de ses cendres, a déjà une population de cinq mille âmes. Nous y sommes rejoints par un vaisseau de guerre égyptien, sans que son passage gêne aucunement notre marche. En passant devant un village qui, jusqu'à ce jour, n'est connu que sous la dénomination du kilomètre 54, nous échangeons des saluts chaleureux avec les habitants, qui ont, en feuillages indigènes, dessiné leur devise K 54. Nous admirons là les dragues colossales de MM. Borel et Lavalley, qui, prenant la terre dans le lit du canal, la montent à la cime des berges et la déversent sur le désert. Elles ont remué chaque mois, depuis plusieurs années, une moyenne de quatorze millions de mètres cubes de terres. Leur service a exigé, par mois, vingt-deux mille employés, dix mille tonnes de charbons, vingt-six mille kilogrammes d'huile. Pour avoir une idée de la masse de déblais qu'ils ont mise en mouvement, que l'on s'imagine, a écrit l'ingénieur Cadiat, l'avenue des Champs-Élysées couverte dans toute sa longueur d'une montagne de cent mètres de base et de vingt-huit mètres de hauteur au sommet. Qu'on imagine encore la place Vendôme couverte de terre jusqu'à quatre fois la hauteur des maisons qui la bordent.

Et que de temps encore les dragues à larges coulisses, à appareils élévateurs, ont à fonctionner, de manière à constituer une chaussée au moins aussi solide encore que celle qui, de Beaugency à Tours, défend la rive droite de la Loire.

Beaugency! Tours! la Loire! oh! la patrie absente! on y pense toujours!

Ce voyage est une féerie, un enchantement; mais comment se portent nos familles, nos enfants, nos amis? Que se passe-t-il en Europe? Ce paquebot même qui s'en va doucement vers Suez, avec assez de respect pour nos estomacs, dans un canal ressemblant à un fleuve, nous rappelle les *Mouches* de la Seine! Et pourtant c'est en plein désert, près d'Ismaïlia, que je vous écris!

VI

Le lac Timsah. — Le canal d'eau douce. — Aspect d'Ismaïlia.

Sous la tente, à Ismaïlia, 17 novembre 1869.

Pas de chance, décidément! La procession de bâtiments de toutes les nations qui a traversé hier la première portion du canal a défilé majestueusement et mouillé sans avaries dans le lac Timsah. Un seul navire a touché, et c'est le nôtre.

L'*Aigle*, qui marchait en tête, était parti deux heures trop tard, si bien qu'il faisait nuit quand le *Péluse* est arrivé en vue d'Ismaïlia, à soixante-quinze kilomètres du seuil d'El-Guirz.

Un petit vapeur, envoyé pour lui assigner son mouillage, lui a fait un signal qui l'a induit en erreur, et, se jetant mal à propos à bâbord, il s'est engravé : il n'a pas fallu moins de cinq ou six heures de travail pour le dégager, et c'est ce matin seulement que nous avons pu mettre pied à terre !

L'admirable chose ! en dix ans, un marécage dont le nom, *Timsah*, signifie *crocodile*, est devenu un port spacieux, commode, dont il suffira d'augmenter encore, çà et là, la profondeur pour qu'il soit irréprochable.

Depuis le 18 novembre 1862, les eaux de la Méditerranée coulent dans ce lac où elles sont entrées après la coupure du seuil d'El-Guirz.

Un canal parallèle au canal maritime a amené les eaux du Nil près de la place où devait être la ville d'Ismaïlia. De grandes avenues ont été tracées, de riantes maisons se sont bâties, et sont maintenant entourées de verdoyants jardins.

Elles n'auraient pas suffi pour les populations qu'y attire la fête du 18 novembre.

On y est venu de toutes les parties de l'Égypte; tous les types du désert sont sous nos yeux ; dans les rues circule une multitude bigarrée, vêtue des costumes les plus pittoresques et les plus harmonieux, au milieu de laquelle cherchent à se frayer un passage de hauts dromadaires, de petits chevaux arabes, d'alertes bourriquets.

Une resplendissante lumière nous enveloppe, une fraîche brise rafraîchit l'air.

La gaieté populaire, qu'entretiennent les sons des tambourins et des instruments indigènes, promet de triompher avant la fin du jour de la gravité arabe.

Des camps ont été préparés pour les visiteurs de toutes nations. Un représentant du khédive nous a installés, Jean Macé et moi, sous une tente.

Un Nubien farouche, qui parle d'ailleurs admirablement français, veille sur le seuil.

C'est sous cet abri que je trace ces lignes à la hâte.

Aujourd'hui, grande revue, promenade de l'impératrice au chalet du vice-roi, dans un carrosse attelé de sept dromadaires. Le soir, bal au palais du khédive. Habillons-nous !

VII

L'armée égyptienne. — Les sept dromadaires. — Promenade au chalet du khédive. — La rue marchande. — Les campements arabes. — Les almées. — Les fantasias. — Dépouilles opimes. — Les baudets. — Bal d'Ismaïlia. — Départ.

A bord de l'*Ivana*, 19 novembre, 10 h. du matin.

La ville naissante d'Ismaïlia inscrira en lettres d'or, dans ses annales, la journée du 18 novembre. La fête officielle a été peu de chose ; la revue annoncée s'est bornée à un défilé, dans lequel on a admiré la tenue martiale des troupes égyptiennes, l'excellence de leur musique et les barbes majestueuses de leurs sapeurs.

Le carrosse attelé de sept dromadaires a figuré dans la promenade au chalet du khédive ; mais, au lieu d'y prendre place, l'impératrice et sa suite ont préféré monter des dromadaires de selle. Ce qui a fait le charme de ce jour de féerie, ç'a été l'entrain, l'animation, la cordialité fraternelle qui régnaient entre tant d'hommes de races diverses, réunis au bord du lac Timsah, sur la lisière du désert. C'était une Babel où tout le monde finissait par s'entendre que la rue marchande d'Ismaïlia, la rue François-Joseph, dont le trait caractéristique est d'avoir des enseignes dans toutes les langues :

Tobaco e sigari.

Notice to travellers.

Χενόδειος καὶ κάφφη.

Au vieux zouave, Rose, marchand de vins.

Dans les campements arabes, le tambourin et la clarinette n'ont cessé de résonner.

Les almées se sont livrées à leurs exercices chorégraphiques, qui débutent par des mouvements lents, pour atteindre graduellement un degré de dévergondage dont rougiraient les danseuses relativement pudiques de Carpeaux.

Les fantasias des bédouins ont été la *great attraction* du jour ; quelle fougue ! quelle ardeur ! quelle furie ! avec quelle vertigineuse vitesse ils s'élancent au triple galop, en poussant des cris diaboliques ! avec quelle sûreté d'équilibristes ils se dressent sur leurs étriers pour tirer des coups de fusil ! comme ils sont secondés par leurs intelligentes montures ! On croirait que, dans leur course effrénée, ils vont culbuter les spectateurs, renverser les chameaux et les ânes paisiblement rangés derrière autour des tentes ; mais, à l'instant même où on les croit fatalement entraînés, ils s'arrêtent court, pour reprendre ensuite leur élan furibond.

Les mesures les mieux entendues avaient été prises pour que rien ne manquât aux hôtes du khédive. Auprès de chaque camp avait été bâti un immense hangar sous lequel étaient dressées des tables toujours servies. Bordeaux, sauterne, champagne ruisselaient.

D'innombrables volailles ont été sacrifiées à notre appétit.

J'ai vu hier, à trois heures, une charrette à roues de fer, traînée par un dromadaire grave et doux, s'arrêter devant notre camp.

Des enfants noirs et déguenillés, munis de larges bannes, sont allés les remplir des plumes des gallinacés immolés.

Ils versaient leur charge dans leur véhicule, et retournaient en prendre une autre.

A cinq heures ils n'avaient pas achevé leur tâche.

Mais l'heure du bal offert par le khédive sonné.

Calèches, baudets, dromadaires même, sont mis en réquisition.

Des invités en cravate blanche, en gants blancs, en habit noir constellé, n'hésitent pas à s'asseoir sur la croupe d'un bourriquet que poussent, à grands coups de baguette, leurs conducteurs nus sous des chemises bleues. S'ils allaient se tromper de dos!

Je m'étonne plus que jamais des dissertations des sermonnaires qui attribuent à un sentiment d'humilité le choix que Jésus-Christ fit d'un âne pour entrer à Jérusalem.

Pourquoi prit-il cette monture?

Parce que c'est celle du pays.

Le bal est splendide; les costumes des chefs du désert, les uniformes militaires et civils, les toilettes de la colonie féminine, confondent leurs couleurs variées; l'éclairage est *à giorno*, le local somptueux, l'orchestre excellent. Mais quelle cohue! En vain une rallonge en planches a été ajoutée du côté du jardin ; l'espace est trop étroit pour les quatre mille personnes qui s'y pressent ; je m'esquive à deux heures du matin, éclairé sur ma route par les feux vacillants des verres de couleur et par les fusées d'un feu d'artifice interminable.

Ce matin 19, le chef du transit, M. Guichard, nous fait prévenir, Macé et moi, que des places nous sont réservées sur le petit steamer l'*Ivana*, à bord duquel se trouve Nubar-Pacha. Nous nous hâtons de boucler nos malles et de les confier à un vigoureux Arabe, ravi d'arracher à l'étranger un dernier *batschisch*.

Les cheiks retournent chez eux. Sur le pont du canal d'eau douce, se pressent les cavaliers arabes, le fusil au poing, les chameaux qui portent les tentes repliées, les troupeaux de moutons noirs qu'on ramène dans leur pâturage natal. Nous avons peine à nous frayer un passage ; mais, enfin, nous voici à bord ! Dans quelques minutes, l'*Ivana* va démarrer, en route pour Suez.

Et la grande épreuve va recevoir son complément.

VIII

Les lacs Amers. — L'*Alexandra*. — Le *Cambria*, la *Fauvette*. — État du canal de Chalouf à Suez.

A bord de l'*Ivana*, en vue de Suez, 18 nov. 1869.

Il est cinq heures du soir! Parti d'Ismaïlia à dix heures du matin, l'*Ivana* aura eu l'honneur d'avoir, en ce jour solennel, franchi l'un des premiers la seconde moitié du canal maritime de Suez.

Nous en avons promptement atteint l'entrée et nous nous sommes engagés entre deux côtes basses nues et désolées, dont la monotonie n'était rompue que par des dragues monumentales du genre de celles dont j'ai déjà parlé. Quelques-unes étaient à couloir et déversaient sur le désert riverain la terre qu'elles râclaient dans le lit du canal. Bientôt nous sommes entrés dans les lacs Amers, immense cuvette de trente-sept kilomètres de longueur que la mer avait autrefois remplie, et où elle avait laissé des dépôts de sel considérables. Ces lacs étaient-ils autrefois réunis à la mer Rouge par un canal qui établissait des relations entre deux villes disparues, Sérapéum et Arsinoé? Ont-ils été séparés de leur point d'alimentation par un soulèvement antéhistorique? C'est une question que les savants n'ont pas encore résolue. Le fait est que M. Ferdinand de Lesseps et ses dévoués coadjuteurs ont trouvé là un bassin naturel et qu'ils l'ont transformé en une mer intérieure, au milieu de laquelle ils ont planté un phare pour indiquer la route aux bâtiments qui vont profiter de la nouvelle voie.

Près de ce phare, nous sommes rejoints par l'*Alexandra*, steamer des Messageries impériales, par la *Fauvette*, bâtiment à vapeur appartenant à un armateur du Havre, et par le *Cambria*, yacht élégant, souvent victorieux dans les régates, dont le propriétaire est M. Ashbury, un des constructeurs du chemin de fer de Suez à Ismaïlia. Le vapeur qui porte le khédive passe aussi à si peu de distance de nous que nous pouvons échanger des saluts avec Sa Hautesse. En deux heures et demie, nous sortons des lacs Amers ; et à trois heures nous avons à tribord Chalouf, colonie naissante, dont la proximité du canal d'eau

douce a facilité le développement, et qu'encadrent des massifs de verdure. A bâbord, s'étend le désert où, d'après les traditions bibliques, s'aventurèrent les Israélites. Si le saint prophète revenait à la vie, quel serait son étonnement de voir le chemin qu'il a suivi jalonné par une ligne de poteaux télégraphiques !

Ici, la nature du terrain argileux et calcaire a permis d'assurer aux berges une inébranlable solidité. Le lit a été creusé au moyen de la mine et non sans de pénibles efforts, dans un banc de roches. Les échantillons que j'en ai vus sont, ou des amas de coquilles de mollusques bivalves, ou des morceaux de ce sulfate de chaux connu à Paris sous le nom de pierre à Jésus, ou enfin de superbes spécimens du cristal de roche le plus pur. Le canal, sur une largeur de cent mètres, en a régulièrement huit de profondeur ; c'est la partie la plus complète et la mieux réussie du canal maritime de Suez.

Le soleil, entouré de grands nuages noirs et frangés d'or, se couche derrière le Gebel-Attaka, montagne au pied de laquelle est bâtie la ville et qui ne présente en ce moment qu'une masse bleuâtre, tandis qu'à notre gauche, le mont Sinaï prend des teintes roses.

L'*Ivana* manœuvre à tribord, pour tourner l'espèce de cap qui sépare le canal de l'entrée du port de Suez, et sur lequel a été élevé, pour la circonstance, une colonnade mauresque, surmontée de mâts pavoisés. Des embarcations se détachent de la rive droite et viennent nous arraisonner.

Nous avons franchi par mer la soudure de terre, de cent vingt kilomètres, que nos pères considéraient comme infranchissable. Il nous est démontré qu'on peut abréger de plus de deux mille lieues la route des Indes, en passant par ce canal qui met en communication la Méditerranée avec la mer Rouge, reliée par le détroit de Bab-el-Mandeb au golfe Persique.

Dans les transports de notre enthousiasme, nous serions presque tentés de demander à faire le voyage de Calcutta ou de Ceylan; mais sur la côte prochaine, au pied de l'Altaka, des fêtes nous attendent. Une population impatiente veut célébrer avec nous les résultats acquis.

Dans une heure nous serons à Suez!

IX

Passage sur l'*Erymanthe*. — Arrivée de l'*Aigle*. — Description de Suez. — Chemin de fer de Suez au Caire. — Un asile, s'il vous plaît ! — Rochefort sera-t-il nommé?

Le Caire, 21 novembre 1869.

Me voici au Caire, non sans peine, installé pour la première fois, depuis quinze jours, dans une vraie chambre et dans une vraie maison !

A l'heure où j'achevais ma dernière lettre, le 19, l'*Ivana* manœuvrait à tribord pour entrer dans le port de Suez. Le succès de l'entreprise, la perspective de passer une agréable soirée et une bonne nuit, remplissaient de joie tous les passagers; mais bast ! voilà qu'à toute vapeur arrive une *Mouche* de la Compagnie du canal maritime, et qu'une voix qui semble partir du sein des flots nous crie :

— Où allez-vous? Suez est encombré! des cabines vous sont réservées à bord de l'*Erymanthe*, qui arrive de l'Inde et qui est en rade.

Notre consternation égale celle que dut éprouver le roi Charles VI lorsqu'un homme lui dit au coin d'un bois :

— Retourne en arrière! tu es trahi!

Mais il faut se résigner. Nous montons à bord de l'*Erymanthe*, où l'*Alexandra* a déjà déversé le trop-plein de ses voyageurs. Nous trouvons là des midshipmen anglais pour chanter au dessert les refrains égrillards des Christie Minstrels; des Prussiens, pour exécuter sur le piano des airs de Meyerbeer et de Gounod; des invités italiens, pour causer sciences, arts, littérature, politique. Leur ensemble constitue comme un *compendium* de l'Italie intellectuelle. Parmi eux figurent les députés Bonghi, Peruzzi, les sénateurs Bella, Miniscalchi-Drizzo; le contre-amiral Isola; le major général baron Chiodo; les représentants des chambres de commerce de Naples, Venise, Livourne, Palerme, Ancône, Gênes, Messine; M. Negri, président de la Société géographique italienne; le marquis Orazio Antinori, secrétaire;

les peintres Ussi, Benassaï; le dessinateur Teja; l'architecte Cipolla, etc.

La fortune, en nous reléguant dans une hôtellerie flottante, nous a mis aux premières loges pour assister, le lendemain 20, à dix heures du matin, à l'arrivée de l'*Aigle*, portant l'impératrice, au défilé des bâtiments qui la suivent, et pour avoir les oreilles assourdies; mais ce grand spectacle fini, que faire? nous ne pouvons toujours rester sur le pont d'un navire, à trois heures de marche du port, en contemplation devant le jeu des ombres et de lumière sur les arêtes et les contre-forts du mont Attaka, et pas d'embarcations en vue!

Enfin, nous sommes abordés par un mauvais bateau de transport, et nous avons l'heur de gagner le quai de Suez. Moyennant la modique somme de 50 francs, nous achetons le droit de dîner et de passer la nuit dans une des auberges de cette ville, qui sera peut-être grande et belle un jour, mais qui est actuellement un amalgame confus de magasins européens, de masures arabes, d'hôtels en plâtras, de casinos où l'on chante *Amour et Clarinette*, et de cafés où l'on fait sa consommation au piquet, en cent cinquante sec. Le lendemain, le 21 novembre, le chemin de fer de Suez au Caire transporte quelques milliers de voyageurs; aussi quel entassement! Nous sommes quatorze, dont quatre debout, dans un compartiment fait pour huit personnes. Nous nous arrêtons trente ou quarante minutes à certaines stations, pour des motifs indéterminés. Le mot *buffet* écrit au-dessus de la porte de quelques-unes est une ironie, attendu que les subsistances y manquent absolument. Il faut grignoter des galettes, des grains de maïs bouilli, des oranges, des dattes, et boire l'eau saumâtre que nous vendent les marchands et les marchandes indigènes, jusqu'à ce qu'à Sezazig, en sortant du désert pour entrer dans la région cultivée, nous emportions d'assaut, à deux heures et demie du soir, un déjeuner insuffisant.

Nous poursuivons notre route à travers des champs de trèfle, de coton, de cannes à sucre, et à cinq heures nous apercevons, à notre droite, les pyramides de Gizeh, éclairées par le soleil couchant. A sept heures, après en avoir mis douze à parcourir environ deux cent vingt kilomètres, nous entrons en gare du Caire. Le préposé du vice-roi d'Égypte, Giacchi-Bey, et son secrétaire, Émin-Bey, nous désignent plusieurs hôtels aux portes desquels nous pouvons frapper.

J'enfourche un bourriquet, je place mes bagages sur un autre, et me mets en quête....

Tout est plein!

Quid agendum ?

Perplexe, assis sur ma monture, ne sachant quelle direction indiquer à mon ânier, j'ai l'air de Sancho parodiant la figure de son maître. Les brillantes illuminations du beau quartier de l'Esbékyèh ne me touchent guère. Je songe que je suis menacé de coucher dans une de ses avenues, à l'ombre d'un caroubier. Par bonheur, je m'entends héler du haut d'une calèche.

— Hé! monsieur, venez avec moi; j'ai votre affaire.

C'est M. Auric, un des hôteliers qui m'ont refusé tout d'abord, homme charmant dont l'activité industrielle a certainement contribué au développement de l'éclat et de la prospérité du Caire.

Il court après moi; il m'a trouvé un gîte!

Sauvé! mon Dieu!

Cinq minutes après, j'étais assis devant un dîner de nature à me donner assez de forces pour aller ce soir au bal du khédive.

Demain 22, courses de chevaux et de dromadaires à l'hippodrome de l'Assabieh; représentation de gala à l'Opéra-Italien.

Le 23, représentation de gala au théâtre de la Comédie.

Le 24, excursion aux pyramides de Gizeh.

Et dire que, malgré tant d'émotions si neuves et si variées, dans cette contrée si curieuse et si bizarre, nous ne cessons de penser à la France!

Les journaux français qui sont ici ont dix jours de date, et la première question que m'a adressée mon voisin de table, qui est au Caire depuis un mois, a été celle-ci :

— Eh bien! monsieur, Rochefort sera-t-il nommé?

X

Bal du khédive. — Incident pénible. — L'empereur d'Autriche. — Courses de chevaux et de dromadaires. — *Teatro del Opera.* — Théâtre de la Comédie. — Suis-je en France?

Au Caire, 23 novembre 1859.

Les fêtes touchent à leur terme, Dieu merci! espérons que nous pourrons respirer, étudier la ville à notre aise, et que nous aurons dans les rues du Caire moins de vacarme et d'encombrement.

Le bal du dimanche 21 novembre a été donné dans les salles, vastes et richement décorées, du palais de la rive droite du Nil. Il a été brillant, mais sans animation. Beaucoup d'invités, exténués, n'avaient pas eu la force d'endosser le frac et le gilet blanc. L'impératrice était à Alexandrie. M. Ferdinand de Lesseps, auquel je n'ai pu serrer la main qu'une fois, sur l'estrade de Port-

Saïd, est resté à Ismaïlia, pour y épouser le 25 courant, Mlle Braga. Le khédive et l'empereur François-Joseph étaient au cirque Rancy, d'où ils sont revenus péniblement impressionnés. Un malheureux gymnaste, stimulé ou troublé par la présence de Sa Majesté apostolique et de Son Altesse, a fait une chute, en exécutant un tour des plus difficiles, et s'est cassé le bras. Ses jours ne courent aucun danger, et les libéralités du khédive s'étendront sur lui. Néanmoins cet incident a jeté un froid dans la société.

Le lendemain, vers une heure, Ismaïl-Pacha accompagnait aux courses de l'Assabieh l'empereur d'Autriche, dont la foule, qui l'appelle le *grand monsieur*, admirait la jaquette blanche, le chapeau à plumes vertes retombantes, le pantalon rouge et les larges favoris roux.

L'hippodrome est si vaste que les chevaux, les dromadaires étiques, qui se disputaient les prix, y ont produit peu d'effet.

Les représentations de gala des 22 et 33 n'ont été qu'une exhibition d'uniformes, d'habits noirs et de chamarres. *Il Teatro del Opera*, où l'on jouait *Gisèle* et le quatrième acte de *Rigoletto*, est un parallélogramme, flanqué de deux ailes, situé au milieu d'un jardin entouré de grilles; le péristyle, d'ordre ionien, était ornementé d'un faisceau de drapeaux russes, égyptiens, turcs, prussiens, etc.

Les rôles étaient ainsi distribués : le duc de Mantoue, Naudin; Gilda, Vitali; Rigoletto, Boccolini; Maddalena, Mme Grossi; Sparafagile, il signor Galvani. Dans le ballet ont dansé MM. Lamy, Manzini, Canforini, Bonesi; Mme Z. Merente; Mlles Cerri, Garbaroglio, Roseri et tout le corps de ballet. Se croirait-on en Égypte?

Au théâtre de la Comédie, le 23, la troupe a chanté et joué avec verve le *Docteur Tam-Tam*, opéra-bouffe, paroles de F. Tourtei, musique de F. Barbier; *l'Homme n'est pas parfait*, de Lambert Thiboust; *Une Fille terrible*, d'Eugène Deligny. On a fort applaudi, dans cette dernière pièce, Mlle Girardin, qui jouait l'enfant terrible, et Mme Fabat, qui remplissait le rôle créé par Flore aux Variétés. N'est-on pas de moins en moins en Égypte?

En sortant du théâtre, au *Caffè delle Delizie* j'apprends qu'une dépêche télégraphique annonce l'élection de Rochefort, Crémieux, Emmanuel Arago et un ballottage entre MM. Glais-Bizoin et Pouyer-Quertier; suis-je en France?

Non, car nous n'avons pas de journaux pour nous dire les péripéties de la lutte électorale! Je ne déterre à grand'peine qu'un numéro du *Figaro*, du 13 novembre, qui contient des vers de François Coppée sur la *Grève des Forgerons*.

Comme c'est en situation!

Demain 24, excursion de François-Joseph et du khédive aux grandes pyramides.

J'y serai.

XI

Les batschischs. — Du vieux Caire à Ghizeh. — Les Pyramides. — Le Sphinx. — La fête officielle.

Le Caire, au retour des Pyramides, 24 nov. 1869.

Le dîner offert par le khédive à l'empereur François-Joseph, au pied des Pyramides, était une fête tout intime. Je n'avais aucun droit d'assister à ce repas de têtes couronnées et de hauts personnages; mais l'occasion était bonne pour visiter ces monuments célèbres. Il était évident que, dès le matin, des Kavas les environneraient, et repousseraient à coups de bâton la foule hideuse d'indigènes qui harcèlent l'étranger en lui criant aux oreilles : *Batschisch! Batschisch!*

Batschisch signifie pourboire, gratification, don, aumône.

Le *batschisch* est une des plaies d'Égypte.

Batschisch est le fond de la langue. Dans les embarcadères, aux débarcadères, aux stations du chemin de fer, à la porte des hôtels, dans les bazars, dans les quartiers arabes, au Vieux-Caire surtout, au *Masr el Attikah*, l'étranger est accueilli par les cris mille fois répétés de *Batschisch! Batschisch!* Ce mot se prononce avec des intonations graduées, d'abord humblement, *à bocca chiusa;* puis en *si* mineur, avec des bémols à la clef; troisièmement, d'une voix sonore de baryton; enfin, avec un accent impérieux et presque menaçant : *batschisch!!!* La question du batschisch est, pour la masse, la véritable question d'Orient.

En précédant le khédive et l'empereur d'Autriche dans leur excursion, on pouvait avoir presque la certitude d'éviter ces assommantes importunités.

Je propose la partie à deux amis qui l'acceptent, Amédée Marteau et Paul Dhormoy, et à sept heures du matin nous partons, montés sur des baudets aux jarrets solides, et suivis d'un petit bourriquet qui portait nos provisions.

Nous traversons rapidement le Vieux-Caire, remarquant, chemin faisant, des restes d'antiques fortifications, des fontaines sculptées, de vieilles maisons mauresques qu'enjolivent des fresques représentant des fleurs et des feuillages. Nous arrivons au bord du Nil, que nous avons à passer, et là se répète cette scène à laquelle il faut malheureusement se résigner, quand on est en Égypte. Vingt bateliers se présentent, nous prennent au collet, nous tirent par les bras et par les jambes ; vingt commissionnaires cherchent à s'emparer de nos bagages ; vingt autres font aussi main-basse sur nos baudets ; vingt bambins, derrière nous, nous tendent les deux mains en piaillant : *Batschisch !*

Comme nous l'avions pressenti, les sergents de ville égyptiens surviennent et jouent de la courbache. Il nous est donné de démarrer et de nous lancer sur les vagues limoneuses et jaunes du grand fleuve, qui a, en cet endroit, huit cents mètres de large. Sur une île dont nous doublons la pointe, s'élève une belle habitation moderne, au-dessus de la porte de laquelle est pendu un crocodile empaillé !

Un détail de mœurs caractéristique et de la plus parfaite authenticité : En abordant, nous heurtons une felouque qui attendait son complément de passagers. A l'arrière roupillait un Arabe ou un Turc, inclinant sur le plat-bord sa tête couverte d'un turban blanc. Réveillé par le choc, il ouvre languissamment les yeux, et m'apercevant près de lui, il tend la main en me disant : *Batschich! moussu, batschich!*

Le même mot nous poursuit dans les ruelles tortueuses de Giseh ; puis nous voici sur une belle route macadamisée, bordée d'acacias, et arrosée comme les allées du bois de Boulogne : nos montures reprennent le galop, et une demi-heure après, du haut des pyramides, quarante siècles nous contemplent !

Me garantissez-vous qu'il ne me sera rien fait? Je vous avouerai que les Pyramides où les rois d'Égypte dormaient de l'éternel sommeil, les sérapéums creusés pour recevoir les dépouilles sacrées des bœufs Apis, les tombeaux de chats, d'ibis, de crocodiles sacrés, sont, à mes yeux, des monuments de la folie humaine, de l'infatuation monarchique, de la crédulité aveugle, du servilisme abject, et ce sont en outre des constructions fort laides et fort disgracieuses.

Un prince de nos jours qui ferait préparer à ses ossements un caveau au centre d'un amas de pierres en forme pyramidale, laisserait un nom entaché de ridicule, et l'architecte qui servirait son idiote fantaisie concourrait en vain pour le prix de cent mille francs qu'a remporté M. Duc.

Qu'est-ce donc qui, dans les pyramides, nous frappe d'admiration et de stupeur? L'énormité de la masse et les prodigieuses dimensions des blocs de basalte, de granit et de pierre calcaire. Il en est de régulièrement taillés qui ont, sur toutes leurs faces, cinq ou six mètres de hauteur et de largeur et même davantage. Comment les a-t-on fait venir des montagnes de Mottakan, qui sont de l'autre côté du Nil? Comment a-t-on empilé, jusqu'à la hauteur de cent trente-sept mètres, ces Pélions sur ces Ossas?

C'est ce que je crois pouvoir déterminer.

De l'examen de plusieurs bas-reliefs, notamment de ceux que Layard a rapportés de Ninive et que j'ai vus au British Museum, il résulte qu'avec la terre d'alluvion de ces contrées, qui se dessèche si vite et durcit au soleil, les anciens Égyptiens établissaient un plan incliné sur lequel la pierre était roulée depuis l'endroit où, de la carrière, ils l'avaient amenée sur des chariots traînés par des bœufs, jusqu'à l'emplacement qui lui était assigné dans l'édifice; elle était posée sur des rouleaux et hissée à force de bras. Ces travaux ont dû coûter la vie à des millions d'hommes succombant à la peine, mais qu'importait à l'orgueil dynastique des Pharaons?

Nous tenons à juger l'œuvre en son entier, et, affrontant la fatigue, soutenu par deux robustes Arabes, nous grimpons à la grande pyramide. La montée est en zigzag. On va d'abord de gauche à droite, puis on reprend de droite à gauche une ligne qui forme avec la première un angle de 45 degrés. Deux robustes Arabes nous tiennent par les bras et nous aident à escalader les degrés, dont la plupart ont un mètre de haut. Assez souvent, ces *ciceroni* perfides font halte à mi-chemin, et feignent de vouloir planter là le voyageur pour lui arracher un batschisch; mais, le 24 novembre, grâce aux nombreux soldats et kavas rangés aux portes de la maison où s'arrêteront le vice-roi et le *grand monsieur*, nous évitons cette extorsion.

Le panorama dont on jouit du haut de la pyramide de Chéops n'indemnise pas des fatigues de l'ascension. Du côté du Caire, c'est une plaine immense, bien cultivée, arrosée par d'innombrables dérivations du Nil, mais presque sans arbres, et dont les mares aux eaux jaunes, les chaussées de boue noire durcie au soleil, attristent les yeux. De l'autre côté, c'est le désert, le sable implacable.

« Cela ne vaut pas la vue que l'on a du Munster, disait en descendant un Strabourgeois.

— Ni celle des buttes Montmartre, fit un Parisien. »

On ne saurait appliquer à la visite intérieure des Pyramides le vers de Virgile : *Facilis descensus Averni*. Il faut glisser sur des pentes rapides, ramper dans des couloirs, par une chaleur équatoriale et au milieu de ténèbres que la lueur des torches semble accroître au lieu de dissiper. Et pour voir quoi? des caveaux humides et nus.

Bien que l'on dise habituellement : la pyramide de Chéops, la pyramide de Mycérinus, la pyramide d'Armyrtée, de Cheptra, il me semble évident que ces immenses mausolées n'étaient pas faits pour un seul Pharaon : c'étaient des sépultures de famille. Les rudiments de pyramides épars çà et là autour de la plus complète indiquent comment il était procédé à leur édification. Un premier roi jetait la base en réservant au centre une place pour son sarcophage. Un second étage était construit pour son successeur; et ainsi, après un travail de plusieurs siècles, un héritier de la dynastie posait le couronnement de l'édifice. Le tout était couvert d'un revêtement historié de peintures dont on remarque encore les vestiges à la cime de la pyramide de la fille de Chéops.

Ce dernier monument est encadré d'une fosse quadrangulaire creusée dans la roche basaltique. Des galeries ouvertes dans les palais de cette fosse ont contenu les sarcophages de hauts dignitaires dont leurs demi-reliefs peints rappellent les exploits.

Le Sphinx colossal, taillé dans le roc, avait été désensablé, il y a quelques années, par les soins de Mariette-Bey, cet infatigable explorateur d'antiquités égyptiennes, aujourd'hui directeur du musée égyptien de Boulaq. Il a une tête d'homme sur un corps de lion. Accroupi sur ses pattes de derrière, il étend ses pattes de devant, entre lesquelles se sont placés des stèles, des cippes, des autels votifs comme pour en être protégés. La marée de sable est revenue, et l'on ne voit plus du colosse que la tête et les épaules. Elles sont de proportions régulières, d'un beau galbe, d'un dessin correct. La coiffure laisse à découvert les oreilles, qui ont environ deux mètres de haut. La largeur de la tête, de l'une à l'autre, peut être d'une douzaine de mètres. — Le Sphinx n'est pas, comme les Pyramides, surtout une œuvre de patience et de force ; c'est une conception hardie, exécutée avec un talent supérieur.

Il en est de même du temple voisin, nouvellement découvert par Mariette-Bey. La façade et la toiture n'existent plus, mais on distingue encore le vestibule, la nef et le sanctuaire, séparés par de beaux pilastres de granit.

Nous avons tout exploré. Comme nos provisions sont épuisées, que nos deux âniers en ont dévoré les reliefs et nous ont effrontément volé deux bouteilles de château-Laffitte, nous nous hâtons de reprendre le chemin du Caire. Le khédive vient d'arriver avec une suite nombreuse de fonctionnaires et de diplomates. Nous évitons de nous mêler à la foule qui les environne et nous poursuivons notre route.

Il fait nuit quand nous repassons le Nil. Soudain les ténèbres s'illuminent, on dirait qu'un volcan fait irruption à l'horizon, lance des gerbes de feu, et répand la lave sur ses versants. C'est le khédive qui se paye la fantaisie de faire tirer un feu d'artifice et allumer des flammes du Bengale sur le sommet de la grande pyramide.

XII

Tableau du Caire. — Les saïs. — Les cris de la rue. — Les vieilles rues.

Le Caire, 27 novembre 1869.

L'empereur d'Autriche, le prince de Prusse, le prince Oscar de Suède, sont partis; un grand nombre d'étrangers et d'invités de la première fournée se sont éloignés, et la physionomie de la ville n'en est pas plus calme. L'agitation qui y règne, et qui me semblait extraordinaire, est, à ce qu'il paraît, normale. Dans les quartiers haussmannisés, où sont les grands hôtels, les restaurants, les cafés, les casinos, les maisons de jeu, roulent autant d'équipages qu'aux Champs-Élysées de Paris, ou au Rotten-Row de Londres. A mesure que l'on approche du Mouski, du quartier marchand, l'encombrement s'accroît. Avec les calèches où trônent les dames à toilettes voyantes et à chignons volumineux, se croisent les charrettes attelées de bœufs, des chameaux chargés de bottes de paille de sorgho, et d'innombrables bourriquets. Parfois se jettent dans la mêlée des bœufs, des moutons, des porcs que l'on amène au marché. A travers ce labyrinthe vivant de véhicules, de montures et de bestiaux, une foule multicolore de piétons, Européens, Asiatiques, Africains, circule péniblement, et de ses flots onduleux s'élève un vacarme inimaginable.

Les Arabes surtout font leur partie dans ce chœur cacophonique; ils ne parlent pas, ils vocifèrent; ils prennent le verbe haut et la pantomime épileptique pour causer des plus simples affaires. S'ils se chamaillent, ce qui arrive souvent, c'est cent fois pis.

Les femmes rivalisent avec les hommes, et les épais voiles triangulaires qu'elles attachent sur leurs visages avec des agrafes d'or ou de bois doré n'étouffent pas les sons de leurs voix discordantes.

Les enfants, si souvent rossés à tour de bras par leurs parents, les adultes faibles battus par les plus forts, ajoutent au tintamarre.

Est-ce assez?

Non! les saïs dératés, émules des coureurs des temps de Louis XV, arpentent le terrain devant les voitures, en criant : *Ouallè? Guarda! Samalek! Geminek!* (Attention! Prènds garde! A droite! A gauche!)

Les âniers poussent leurs baudets à grands coups de baguette, en criant d'un ton lamentable et traînard : *Aoua! aoua!*

Des centaines de décrotteurs cernent le consommateur assis à la porte d'un café, en criant : « Cirer, Mossu, bonne brosse! »

Les psylles crient en vous offrant de croquer sous vos yeux les serpents qu'ils tiennent par la queue.

Les marchands ambulants crient en vous proposant des dattes, des tarbouchs, des bananes, des pipes, des gâteaux, de la limonade ou du café.

Vienne à passer une noce, un enterrement, et c'est un infernal surcroît d'horribles clameurs.

Au dire des experts, le maximum du diapason des Arabes est atteint le soir où ils rompent le jeûne du ramadan, et à la fête du *Dossah*, où de misérables fanatiques, liés ensemble et couchés à plat ventre, se font fouler aux pieds du cheval que monte le grand scheik.

Les prototypes de la population sont les derviches hurleurs.

Le seul moyen de fuir le brouhaha du Caire et de trouver quelque fraîcheur à midi pendant les chaudes journées de novembre, c'est de se réfugier dans les étroites ruelles de la cité primitive; elles sont bordées de maisons mauresques dont les portes ont des archivoltes dentelées. La cour intérieure est carrée, entourée de galeries que ferment presque toujours des treillages de bois finement découpés. Au dehors, les étages supérieurs, supportés par des consoles, sont en encorbellement sur le rez-de-chaussée. Des moucharabis, destinés aux femmes cloîtrées, allongent sur les murs de pierre leurs cages de bois ouvragé; et les maisons, des deux côtés, se penchent comme pour se rejoindre; c'est à peine si de la pénombre d'en bas on aperçoit en haut le ciel comme une strie d'azur et d'or.

Mieux eût valu, pour la plupart des visiteurs, rôder dans ces solitudes que dans les bazars, où Turcs, Grecs, Levantins, Italiens les ont exploités sans merci et leur ont demandé des prix exorbitants pour de faux tapis de Turquie, de fausses étoffes persanes, des *koufis* de contrebande, et des pipes turques fabriquées rue Bourg-l'Abbé.

Mieux eût valu encore visiter les monuments du Caire, au premier rang desquels est signalée la citadelle, qui serait en effet un notable spécimen de l'architecture militaire des califes, sans les remaniements successifs qu'elle a subis; on recommande également aux voyageurs certaines mosquées dont on vante les minarets élégants, les murs garnis de versets du Koran, les *kiblahs*, les chaires d'iman, les tapis aux tons sévères; mais, je le confesse, je n'ai jamais vu un seul temple musulman qui approchât même de loin de nos cathédrales. Chez nous, la fantaisie s'exerce; tandis que les Arabes sont toujours emprisonnés dans les mêmes formes, et ressassent éternellement les mêmes motifs. Nous avons, en outre, sur eux l'avantage de l'art statuaire, que leur religion leur interdit.

Je me propose de quitter le Caire très-prochainement; mais je tiens à voir préalablement les pyramides de Sakkara, et deux monuments que

Mariette a tout récemment exhumés : le tombeau de Ti et la sépulture des bœufs Apis de Memphis.

Ce sera pour demain.

XIII

Excursion aux pyramides de Sakkara.

Sur le Nil, à bord d'un dahabié,
28 novembre, à 11 h. du soir.

Un dahabié, c'est un bateau ponté, à rames et à voiles, avec salle à manger, cabines à l'arrière et une dunette.

L'équipage se compose de quatre matelots et d'un reiss (capitaine), et les aménagements n'y laissent rien à désirer.

C'est sur un bâtiment de cette espèce que nous nous embarquons au port de Boulaq pour Sakkara, l'architecte Horeau, Eugène Pelletan fils, Amédée Marteau, Paul Dhormoy, un officier français du nom d'Auriot, et moi.

Il est neuf heures; nous espérons avoir, vers

midi; remonté le Nil jusqu'au village de Debrechir, où nous trouverons des baudets qui nous mèneront à la plus ancienne de toutes les pyramides, *Mastabét el Fircum* (le trône du Pharaon), au Sérapéum de Memphis et au tombeau de Ti.

A notre droite nous avons un des palais d'Ismaïl-Pacha, le Casr-el-Nil, grand corps de logis, avec deux ailes en retour, dans l'ornementation duquel les styles grec et mauresque ont été bizarrement mêlés, mais dont les cours sont environnées de belles galeries ajourées en fonte, confectionnées probablement au Creusot. A gauche, est le vaste faubourg de Boulaq, un autre palais et le musée égyptien. Barques, felouques, bâtiments à vapeur, chalands, remorqueurs, sillonlonnent le Nil. Frappés de ce mouvement nautique et commercial, nous buvons spontanément au khédive et à ses vues civilisatrices. Qu'il y persévère, car s'il a beaucoup fait, si l'Égypte compte bon nombre d'hommes éclairés, il reste encore beaucoup à faire pour régénérer la masse vouée depuis tant de siècles à l'esclavage et à l'abrutissement.

Nous nous arrêtons un moment devant la prairie qu'entourent en demi-cercle de gros mimosas. Des chèvres noires, des oies blanches y pâturent sous la surveillance d'un fellah; sa femme sommeille, adossée à un tas de pierres; leur enfant pêche à la ligne, et prend de ces gros poissons fades, dont j'ai mangé sans parvenir à m'en faire dire le nom. Au bord du fleuve est un gros mûrier blanc, tordu, crevassé, éventré par les siècles, mais encore couronné de quelques feuillages verts et portant même quelques fruits.

Pendant que le reiss et un de ses hommes vont nous acheter du café au bazar de Ghizek, je mets pied à terre afin d'examiner ce doyen des mûriers : entre ses racines dénudées, recourbées comme les pattes d'une pieuvre, il en est une droite et mince, que je me prépare à couper sans scrupule; mais le fellah, la femme endormie, l'enfant qui pêche, les trois matelots restés à bord, accourent aussitôt, et crient, en gesticulant comme des possédés :

— *Tabou! Dervisch! tabou! mouch tahib!*

A mon insu, j'ai commis un horrible sacrilége : le vieux mûrier est sacré; un vénérable derviche daigna jadis prendre pour chambre à coucher la cavité du tronc vermoulu, qui fut dès lors fréquenté par des pèlerins dont des clous carrés, plantés dans l'arbre, nous permettraient de faire l'énumération.

Afin d'apaiser le courroux de mes matelots superstitieux, qui ne seront jamais libres penseurs, je remonte à bord, et nous partageons avec eux le café, qui souvent complète si bien leur frugal déjeuner, qu'ils répètent en chœur des actions de grâces : *El khamdon li elahi-ritti, l'alami* (louange à Dieu, le seigneur de toutes les créatures) !

La dahalié, contrariée par la brise et le courant, n arriva qu'à trois heures à Debrechir, où nous devons prendre terre. Trouverons-nous des moyens de transport? Est-il prudent de se risquer dans le désert, parmi les bédouins, aux approches de la nuit?

Voilà qu'un homme de haute taille, à la physionomie avenante, comme un *Deus ex machinâ*, sort d'une maisonnette en planches.

« Tiens! fait-il, M. Horeau!

— Tiens! M. Zaccharini! par quel hasard?

— Je vous l'expliquerai. Je fais un drôle de

métier, allez! Vous, vous venez voir le Sérapéum?

— Sans doute.

— Il est bien tard! Qui vous empêche de coucher ici et de faire votre excursion demain matin?

— Impossible! ces messieurs comptent partir demain pour Alexandrie.

— En ce cas, je vais vous procurer des ânes et vous donner une escorte; allumez vos chibouques et dites deux mots à ce *mastic* en m'attendant. »

Le *mastic* ou *rahi* est une liqueur extraite des dattes par distillation, et que l'on boit avec de l'eau, comme l'absinthe.

Au bout d'une demi-heure, notre caravane est formée, sous le commandement d'un gardien du Sérapéum, monté sur un bourriquet, le fusil arabe au poing. Suivent deux Barbarins, armés, l'un d'un fusil à deux coups l'autre d'un revolver puis un porte-lanterne. Viennent après, les six voyageurs, flanqué chacun d'un ou deux Barbarins. Derrière eux gambade la jeune génération de Debrechin, profitant de l'occasion pour s'exercer à prononcer correctement le mot : *Batschisch*.

Au mois d'octobre, lorsque l'impératrice et les gens de sa suite ont parcouru le même chemin, leurs dromadaires enfonçaient jusqu'aux genoux dans le sol des chaussées détrempées par l'inondation. Il est à présent solide, mais inégal, et fait souvent trébucher nos montures.

Heureusement, nous le quittons pour la belle avenue de palmiers géants qui conduisait à Memphis. Des pierres, des fragments de sphinx, voilà tout ce que nous montre la célèbre cité.

En approchant de Sakkara, assemblage de cabanes de limon desséché, dont le seul édifice en pierre est un santon surmonté d'un dôme assez élégant, nous nous croisons avec une caravane qui revient et dans laquelle nous reconnaissons MM. Duruy, Béhic et le dessinateur Ricard.

A cinq heures, nous sommes au pied du *Mas tabet el Firoum*, ou plutôt de la partie supérieure que l'océan de sable n'a pas submergée. Elle confirme l'opinion que j'ai émise sur l'édification lente et successive des pyramides. Les étages de celle-ci sont si nettement indiqués, qu'on pourrait les croire isolés les uns des autres.

Au nord de la pyramide sont des ruines d'un

temple dans le vestibule circulaire duquel sont ménagées des niches où nous voyons, non sans étonnement, les bustes d'Aristote, Platon, Homère, Lycurgue et Solon.

A peu de distance est le Sérapéum, le tombeau des bœufs sacrés de Memphis. C'est une grande cave voûtée, taillée dans la craie, et qui est moins remarquable que les caves du Champenois Jackson ; mais elle est bordée de chapelles où les Apis reposaient dans des sarcophages monolithes de marbre vert ou de granit; dont les dimensions confondent l'imagination. Il en est un couvert d'hiéroglyphes, au fond duquel, sur une table taillée dans le même bloc, Mariette-Bey s'est donné la satisfaction d'offrir une collation à cinq ou six amis.

Une avenue de cent cinquante sphinx, aujourd'hui répartis entre tous les musées, précédait le Sérapéum. Pourquoi tant d'honneur rendu à des bœufs ? Sans doute dans le but de faire aimer et respecter l'agriculture. L'Apis égyptien n'était que le lauréat d'un grand concours régional.

De tous les monuments égyptiens, le tombeau de Ti est ce que j'ai vu de plus réellement digne d'attention. Les demi-reliefs peints qui en garnissent les parois représentent, outre les faits et gestes de ce ministre, des sacrifices, des processions, des combats, des cérémonies religieuses, des grues de Numidie, des ibis, des bœufs et autres animaux. Il y a là des parties d'une rare élégance et d'un admirable dessin. Il est à désirer qu'un ouvrage spécial fasse connaître au public français cette grande curiosité archéologique.

Il se fait tard. — Nous remontons sur nos bourriquets. La horde de Bédouins qui s'est établie là pour rançonner les voyageurs et s'est ruée sur nous comme sur une proie, se retire les mains pleines de *batschischs*. — Un seul reste. C'est celui qui s'est spontanément mis à mon service. Je lui ai donné quatre piastres de gratification ; mais il n'a pas l'air satisfait.

— Moi, Ahmed ! moi, *scheik !* dit-il en montrant un turban blanc.

Je lui donne deux autres piastres et crois qu'il va me laisser en paix ; mais il marche à mes côtés, en échangeant avec mon ânier barbarin des signes d'intelligence.

Au lieu de stimuler ma monture, ces deux

marauds ne s'en approchent que pour en entraver la marche, et je me trouve à l'arrière-garde.

La situation n'est pas rassurante.

Mes compagnons sont éloignés.

La nuit est profonde.

Que les deux témoins de mes libéralités me supposent la bourse bien garnie et songent à se l'approprier, rien de plus vraisemblable.

Qu'ils m'assomment et m'enterrent dans le sable, sauf à revenir me dévaliser après; ou bien qu'ils me dévalisent, sauf à m'enterrer ensuite, rien de plus facile.

Tout à coup, sous prétexte de me caler en selle, le scheik me prend à bras-le-corps d'un côté, le Barbarin de l'autre, et ils me balancent de manière à me renverser. Par un geste brusque je les écarte, saute à terre, et me mets à courir à travers les sables en hélant mes compagnons, que je ne tarde pas à rejoindre.

Le scheik disparaît; le Barbarin, au bout de quelques minutes, ramène son âne, et entame une longue apologie à laquelle je ne comprends rien; mais que m'importe? je suis sur mes gardes, et il ne m'y reprendra plus.

A huit heures et demie, nous retrouvons M. Zaccharini, ce négociant français d'origine italienne, que nous avons si providentiellement rencontré ; il met le comble à son obligeance en faisant écarter par ses Barbarins la foule des *batschischeurs*, et en nous conduisant jusqu'à notre dahabié.

— A propos, lui dit Horeau, en s'approchant de lui, vous m'avez promis de m'expliquer par quel hasard vous étiez ici. Je ne suis pas curieux, mais...

— Voici l'affaire, répond notre aimable hôte : Les anciens Égyptiens, pendant des siècles, sont venus par milliers, dans ces lieux vénérés, offrir des sacrifices. Ils ont immolé à leurs divinités, aux mânes de leurs ancêtres, d'innombrables quantités de bœufs, de moutons, de bêtes diverses. J'ai organisé une vaste entreprise pour en déterrer les os, et j'en fais du noir animal.

On frémit à l'idée que bien des Apis ont dû y passer.

Profanation ! profanation !

XIV

Villages et villageois. — Division de la propriété en Égypte. — Alexandrie, jadis et aujourd'hui. — Almées et ghawazies.

Alexandrie, 29 novembre 1869.

Vous m'avez laissé sur le Nil, à bord d'une dahabié qui me ramenait à Boulaq. Vers minuit, nous avons débarqué et regagné le Caire à pied, guidés dans les ténèbres par l'auréole lumineuse de l'Esbékieh, et parfois entravés dans notre marche par les chiens endormis qu'il fallait enjamber.

Le lendemain matin, 29, nous prenions place dans les wagons commodes du chemin de fer du Caire à Alexandrie, beaucoup plus régulièrement organisé que celui du Caire à Suez. Les champs que nous traversons et qui donnent chaque année de plantureuses récoltes de coton, de sorgho, de maïs, de cannes à sucre, de céréales, de diverses plantes fourragères, dénotent une culture avancée et des soins intelligents.

Aux environs du Caire, le travail de l'homme seconde peu la nature. L'aspect des villages atteste l'incurie et la misère. Ils se composent de cabanes toutes identiques ; pour en construire une, on enferme un carré de terrain entre quatre murs de terre, de grossière maçonnerie ou de briques crues séchées au soleil. On y ménage des ouvertures pour la porte et les fenêtres. On étend dessus des branches de palmier, que l'on recouvre de terre battue. La maison est faite! Le fellah y vit avec sa famille, ses chiens, ses chèvres, ses poules et ses pigeons. Un tarbouch, une chemise de calicot, voilà ses vêtements; des dattes, des grains de maïs, voilà le fond de sa nourriture. Il mène une existence purement animale, pratique machinalement sa religion, n'ambitionne rien, ne pense à rien. Ce qui le préoccupe, c'est la crainte de voir survenir des Turcs qui le bâtonneront s'il ne paye pas l'impôt, d'être mis en réquisition pour les travaux de l'État, ou contraint au service militaire. Il est des mères qui, pour en faire exempter leurs fils, n'hésitent pas à leur crever un œil.

Dans le Delta du Nil, la population est moins abrutie et plus aisée ; elle a des turbans, des caftans, des bas, des souliers. Les champs sont divisés en lanières, les chaussées bien entretenues, les pâturages couverts de bestiaux; les bourgs ont des portes et des enceintes fortifiées, les maisons des fenêtres garnies de volets, et quelquefois même de moucharabis. Il est vraisemblable qu'on aura largement appliqué dans ces parages le décret donné par Mohammed-Saïd-Pacha, en l'an de l'hégire 1274.

On distingue en Égypte plusieurs espèces de propriétés :

Les terres *mulk*, qui appartiennent aux particuliers; par exemple, les maisons et les jardins ;

Les terres *mirieh*, appartenant au gouvernement, et susceptibles d'être concédées par lui ;

Les *wakoufs*, qui sont aux mosquées et corporations religieuses ;

Les terres *kharadjieh*, anciennement conquises et frappées d'impôts arbitrairement perçus ; elles prennent le nom de terres *mulk kharadjieh* ou *abbadih*, quand elles sont concédées par le souverain à titre de propriété.

Le décret de l'an de l'hégire 1274 autorise les détenteurs de terre *mirieh* à se les transmettre héréditairement, à la charge de payer l'impôt. Il consacre la faculté de vendre et d'aliéner les biens-fonds.

Cette réforme a considérablement favorisé le développement agricole et commercial d'Alexandrie, qui, il y a un demi-siècle, était une ville tout orientale. Les rues tortueuses étaient bordées de maisons mauresques ou de baraques de bois; sur le devant de leurs boutiques toujours ouvertes, des Turcs, les jambes croisées, y fumaient gravement leurs chibouques. On n'y connaissait d'autres moyens de transport que le bourriquet national. La cité était administrée, comme le reste du pays, conformément à des traditions enracinées d'arbitraire et de despotisme. Des Triestins, des Maltais, des Napolitains, des Levantins, des Grecs, y venaient commercer en petit nombre et timidement avec une population d'Arabes, de Nubiens, d'Abyssiniens, d'Éthiopiens, de Cophtes, descendants des anciens Égyptiens sectateurs de l'eutychéen Jacob Baradæus.

Tout est changé en novembre 1869. L'élément européen a fait irruption. Un vaste quartier européen a surgi, avec des rues droites et numérotées. Un Français, nommé Cordier, a créé la place des Consuls et distribué de l'eau dans tous les quartiers. Il s'est même constitué à Alexandrie, sous la présidence éclairée de Colucci-Bey, une municipalité, qui songe à paver les rues, à réprimer les exactions des cochers de place, à empêcher les vols, à garantir la sécurité des habitants, que ne protégent pas toujours efficacement la présence et les cris des veilleurs de nuit.

La ville d'Alexandrie possède un institut égyptien qui publie de remarquables travaux d'archéologie, de philologie et de statistique. Elle a deux théâtres qui ne font point oublier aux indigènes les voix mélodieuses des almées, les danses des *gharigehs* ou *ghawazies*. Notons en passant que les véritables almées sont des *prime donne* qui dédaignent profondément la chorégraphie. La plus célèbre des almées, Almas (la Perle), n'a jamais dansé devant personne, mais il n'est point de bonne fête sans elle, et son talent de cantatrice lui a valu, non des centaines de mille francs, mais des millions.

Demain, je passerai en revue les principales curiosités d'Alexandrie; puis je monterai à bord de l'*Alphée*, qui partira le soir même pour Naples.

A bientôt.

XV

La colonne de Pompée. — Cimetière musulman. — Musées particuliers. — La colonie grecque. — L'honnête Mustapha.

Rade d'Alexandrie, à bord de l'*Alphée*,
30 novembre 1869.

Ce matin, dès l'aube, j'étais au pied de la colonne dite de Pompée, beau monolithe de granit, posé sur un soubassement de maçonnerie, dans lequel s'ouvre l'entrée d'un hypogée. D'autres constructions sont enfouies sans doute sous le sable amoncelé. A l'entour gisent des blocs de marbre, des sphinx brisés et souillés d'immondices. Au bas du monticule s'étend le cimetière musulman, nécropole de tombes blanches, chacune surmontée d'un turban sculpté. Aucun mur d'enceinte ne les sépare de la voie publique : la piété des croyants suffit pour les protéger.

La colonne de Pompée, l'obélisque connu sous le nom d'aiguille de Cléopâtre, sont les seuls monuments connus qui restent de l'Alexandrie antique ; mais le sol recèle une foule de précieux débris que ses moindres remaniements mettent au jour ; c'est ainsi qu'en creusant les fondements d'une maison, rue de Rosette, on a trouvé, mutilée, une statue en marbre d'Hercule, assise, le torse nu, les jambes recouvertes d'une draperie qui se replie sur son bras gauche. Plusieurs amateurs ont créé chez eux de vrais musées. M. Jean Demetrio a dépensé plus de trois cent mille francs à réunir des médailles et des antiquités égyptiennes. Le comte Zizinia, consul général de Belgique, a des émaux cloisonnés de Chine, des laques du Japon, des merveilles d'orfévrerie arabe, des tableaux de Moïse Valentin, de Luca Giordano, de Rembrandt, et une horloge admirablement ciselée, indiquant les jours, les années, les fêtes, la lettre dominicale. Elle est signée : Mettaker, Augsburg, 1564.

Un négociant, M. L. Caridia, s'est attaché à ne

recueillir que des antiquités locales. J'ai distingué, comme raretés, dans sa riche collection, une pièce d'or d'une conservation parfaite, à l'effigie d'Alexandre le Grand; un scarabée sacré en bronze, avec toutes ses pattes; un petit modèle de sphinx en terre cuite, d'une pureté de dessin digne des meilleurs temps.

Les collectionneurs que nous venons de citer appartiennent tous trois à l'intelligente et active colonie grecque, dans les rangs de laquelle on compte MM. Ralli, Constantinidis, Nicolopoulo, Averof, B. Georgala, chefs de puissantes maisons de banque et de commerce; Michel Rizo, cousin germain de Rizo Rengabé, le ministre de Grèce; D. Sultanis, avocat célèbre, ancien représentant à l'Assemblée nationale d'Athènes; Zanos, qui pendant quatre ans, a géré l'ambassade grecque à Constantinople en qualité de premier secrétaire. Rendez visite à quelqu'une de ces notabilités, et quand vous aurez perdu de vue le *bowbab* (garde-porte), et les noirs Barbarins qui veillent sur le seuil, il vous sera impossible de vous croire en Égypte. Consoles tarabiscotées, tapis d'Aubusson, glaces à biseau, tables de boule, originaux de bons maîtres ou bonnes copies, ornent des salons quatre ou cinq fois plus grands que les nôtres. On se figurerait être dans un palais de France, s'il y avait des cheminées; mais sous ce climat, où il ne fait jamais froid, ce seraient des superfluités.

L'heure s'écoule; ma cabine est retenue sur l'*Alphée*, qui part ce soir. Faisons vite un tour au Cercle de la Bourse pour y lire les journaux français du 10 novembre, les derniers arrivés. Faisons ensuite charger nos bagages sur une voiture de place. Sont-ils au complet? Il me manque mon chapeau, que l'on m'a volé au Caire, mon paletot, que l'on m'a volé à la gare d'Alexandrie, deux chemises et des curiosités, que l'on m'a volées je ne sais où. Le reste y est, je dois m'estimer heureux.

Aux abords de l'embarcadère, des nuées de bateliers m'assiégent; j'en choisis un qui déclare se nommer Mustapha et être accrédité près des Messageries impériales. Il me conduit d'abord à la douane, où, moyennant un don de quatre sabains au préposé, je suis dispensé de la visite à la sortie; puis il m'embarque avec mes bagages dans une chaloupe montée par quatre rameurs.

« Combien? lui dis-je en entrant.

— Ce que tu voudras. Moi, pas exigeant. »

Au premier tiers de la route, Mustapha me tend la main.

« Donne !

— Je payerai à bord de l'*Alphée*.

— Moi, m'en aller ! Moi avoir d'autres bateaux ! Pas pouvoir rester ; donne !

— Combien?

— Huit roupies.

— Comment? huit roupies! vingt francs pour une course de vingt minutes en rade... Ça vaut huit piastres.

— Vent, grosse mer, quatre hommes, moi rien gagner ! donne ! »

J'aime mieux faire un sacrifice que de parlementer plus longtemps avec un pareil coquin. Je lui jette un napoléon, et à peine l'a-t-il touché, qu'avisant une barque qui retourne à la plage, il saute dedans, avec la grâce et la légèreté que Jean de Bologne, le statuaire, a données à Mercure, le vrai dieu des bateliers arabes et des batschischeurs.

Je me console de cette dernière extorsion, en

me casant dans une cabine de l'*Alphée*. Ce soir, nous appareillons et nous mettons le cap sur l'Europe. Hourra! tout va bien!

Amitiés cordiales!

XVI

Les passagers de l'*Alphée*. — Gros temps. — Arrivée à Naples.

Naples, 6 décembre 1869, 11 h. du matin.

C'est un bon bateau que l'*Alphée!*

Il se comporte bien à la mer; il est solide, quoique ses cloisons fassent parfois entendre des craquements sinistres; mais il a de l'âge et du service; il rentre en France pour y être réparé; il vient de faire des campagnes dans l'Indo-Chine; aussi comme le roulis s'y est fait sentir!

Le 1er décembre, l'atmosphère est pure, la mer calme; condamnés à ne voir que l'une et l'autre, pendant quatre jours, les passagers agissent comme s'ils étaient à terre. En dehors des heures des repas, la salle à manger se transforme en un cabinet de lecture, où côte à côte font à l'envi de la copie, Victor Fournel, de la *Gazette de France*, Leguevel de la Combe, du *Peuple français*, Pelletan fils, du *Rappel*, Édouard Heppler-Hall, correspondant du *Times*, de New-York; Alexandre-Jules Delaunay, agent de la *Correspondance Havas-Bullier* à Alexandrie; le chevalier Lion, rédacteur en chef du *Dagblad Van Zuidholland en Gravenhage*, à la Haye; A. Borreggo, ancien ministre plénipotentiaire. Sur le pont, un membre de l'Institut, M. Brunet de Presle, commente le Θέλω λέγειν ἀτρείδας d'Anacréon, on cause en grec avec un évêque syrien qui se rend au concile. Bérard transporte sur bois ses croquis si fidèles et si colorés. Tout le monde le félicite d'un si beau début; mais dans la nuit du 1er au 2, le vent s'élève, les vagues s'enflent, des éclairs sillonnent l'horizon.

Comme la houle nous a bercés, pendant quatre jours et quatre nuits! Nous avons été tenus sur le qui-vive par les détonations de vagues qui battaient les bordages, les cataractes qui s'abattaient sur le pont ou même dans nos dortoirs, le grondement de la machine, la trépidation du navire, le commandement des manœuvres, les cris des matelots. Pour ma part, sur mon étroite couchette, tantôt j'avais les jambes presque perpendiculaires au sol, tantôt j'étais dans la position de *Saint Pierre crucifié la tête en bas*, que Rubens a peint pour sa paroisse, à Cologne.

Nous n'avons eu un peu de répit qu'à l'entrée du golfe de Messine, lorsque nous avons aperçu, à tribord, la côte de Calabre, à bâbord, les majestueux gradins de l'Etna et sa cime couronnée de neige.

Nos maux n'ont cessé que dans la baie de Naples.

En nous levant, le 6 au matin, nous avons pu admirer, au premier plan de la cité, des fortifications frustes, moussues, minées par les lames; plus loin, la longue file des quais de la ville bien-aimée du soleil; au-dessus, un amphithéâtre de maisons, de jardins, de villas, de terrasses, de rampes taillées dans les rochers abruptes qui dominent les massives constructions du fort Saint-Elme. Derrière nous, le cratère du Vésuve vomit une fumée noire, compacte, qui semblerait une masse solide, sans la lisière diaphane et bleuâtre que les premiers feux de l'aurore dessinent sur les contours.

Nous voudrions bien être à terre; mais il faut que la visite de santé se fasse, qu'on réveille le médecin qui en est chargé, qu'il vienne à bord, qu'il parque les passagers à l'arrière, les matelots à l'avant et qu'il tâte le pouls à tous : formalités surannées, inutiles, vexatoires, contre lesquelles tant de protestations se sont élevées sans les ébranler! La routine est si difficilement vulnérable!

Enfin, après bien des lenteurs, nous sommes admis à la libre pratique; nous pouvons visiter en courant la rue de Tolède, le palais Borbonico, l'église Saint-Vincent de Paul, le Mercatello, les Studii, les ombrages de la Chaïa, jusqu'à ce que l'heure du déjeuner ait sonné.

Je ne m'amuserai pas à peindre une ville cinq cents fois décrite, dont la description, d'ailleurs, ne se rattache nullement à mon sujet, l'Égypte et le canal de Suez. Une vingtaine de compagnons de voyage, publicistes, ingénieurs, industriels, se promettent d'en deviser en déjeûnant.

Allons les rejoindre!

XVII

CONCLUSION.

Naples, 6 décembre, 3 heures du soir.

Le café de l'Europe, au coin de la place Borbonico nous a été désigné par deux voyageurs familiarisés avec la vie napolitaine, MM. Eugène Lavenant, architecte parisien, et Petit-Jean, un des constructeurs du phare de Port-Saïd et l'édificateur des deux obélisques placés à l'entrée du canal de Suez, le jour de l'inauguration. Nous faisons, dans ce restaurant, un repas qui nous dédommage des sauces prétentieuses confectionnées dans les hôtels et à bord des paquebots, sauces expressément alambiquées pour les palais blasés des sujets rogues et gourmés de S. M. Victoria. Les vins de Capri, de Falerne, de Lacryma-Christi, arrosent des mets substantiels. Au dessert, plusieurs toasts sont portés et chaleureusement accueillis :

A l'Europe, à la France, foyer d'où la lumière rayonne sur le monde !

A l'avenir de l'Égypte ! qu'elle rompe sans retour avec un passé d'absolutisme et d'oppression ! qu'elle soit dotée d'institutions libérales ! qu'une organisation basée sur les principes des sociétés modernes y assure à la fois le bien-être de ses habitants et la sécurité des étrangers !

A Ismaïl-Pacha, vice-roi d'Égypte, à ses projets de civilisation, à son hospitalité ! Il nous a été donné, grâce à lui, de juger par nous-mêmes des immenses ressources, de l'état social, des progrès et des besoins de l'Égypte, et d'assister à une inauguration qui marquera dans les fastes du dix-neuvième siècle !

Au succès du canal maritime de Suez ! Que les parties qui laissent à désirer sous le rapport de la largeur et de la profondeur soient promptement complétées ! que justice soit rendue à cette œuvre dont tous les gouvernements devraient se faire les protecteurs intéressés! qu'à l'amiable soient réglées les questions de tarif qui ont soulevé des réclamations, le prix de dix francs par tonne paraissant un peu trop élevé!

A Ferdinand de Lesseps, à sa persévérance! Quoi qu'on en dise, il a forcé tous les géographes à remanier leurs cartes, pour y inscrire une voie de communication de plus!

A l'amélioration de la condition morale, intellectuelle, matérielle des travailleurs égyptiens, et notamment de la population rurale dont plusieurs exemples nous démontrent les aptitudes et la prodigieuse éducabilité!

A l'émancipation du beau sexe musulman! Elles sont affreuses, ces dames, sous l'accoutrement que leur imposent la religion et les mœurs : sur la tête, un *as beh*, mouchoir de soie; sur la face, le voile, le *bourcki;* sur le corps, une ample chemise et une veste (*yelek*); un pantalon de coton (*shintyian*), serré sur les hanches, avec une ceinture (*dikhet*); pour sortir, par-dessus tout cela, une large robe et un plaid (*habarah* ou *milayeh*, suivant sa valeur), qui, enveloppant la tête, descend jusqu'aux pieds, chaussés de souliers de maroquin rouge. Des Égyptiennes la nature avait fait des femmes, le mahométisme en fait des paquets de linge. A la réforme de leur toilette!

A l'abolition du *batschisch!*

A la fertilisation du désert, rendue si évidemment facile par les irrigations depuis qu'entre le canal maritime de Suez et le canal d'eau douce croissent l'acacia, le caroubier, le mimosa, le palmier, le *musa sinensis*, l'aloès, le bougainville, le citronnier, l'oranger, le *cyperus papyrus*, et que M. Aubert Roche, chef du service sanitaire de l'isthme, a fait du vin avec des vignes plantées dans les sables d'Ismaïlia!

A l'extermination des moustiques qui, en Égypte, vous sucent le sang pendant la nuit, et des mouches qui, pendant le jour, prennent pour lieu de promenade nos arcades zygomatiques!

A l'importation des ingrédients insecticides en Égypte! On pourrait recommander contre les diptères ci-dessus dénommés une vieille recette de nos grand'mères, des lotions avec une décoction de feuilles de noyer; mais en Égypte, il n'y a pas de noyers!

CAHIER (S) OU PAGE (S) INTERVERTI (S) A LA COUTURE
RETABLI (S) A LA PRISE DE VUE.

Après les toasts, comme tout finit par des chansons, on me prie d'en improviser une, et je rime les couplets suivants :

Air : *Le Printemps et l'Automne* (de Béranger).

Je ne sais quelle étrange fée
Règle à présent notre destin.
D'Égypte le vapeur *l'Alphée*
Nous mène au sol napolitain !
Comme le doge de Venise
A Versailles disait un soir :
Ce qui cause ici ma surprise,
Mes chers amis, c'est de m'y voir !

Saluons notre chère Europe !
De ses vins vidons les flacons
Dans la riante Parthénope,
Où, Dieu merci ! nous débarquons !
Dans mainte pyramide ou crypte,
Nous avons broyé bien du noir ;
Au retour de la vieille Égypte,
Que l'Italie est bonne à voir !

Notre voyage fut un rêve
Comme en inspire le haschisch ;
Émettons le vœu qu'il s'achève
Sans trop d'encombre et de batschisch.
J'éprouve une mélancolie
Que tempère un heureux espoir :

Après l'Égypte et l'Italie,
Que Paris sera bon à voir !

Les convives daignent m'applaudir; le sentiment que j'exprime est si général ! On a hâte de regagner ses foyers.

Quelques-uns de nous se proposaient de suivre les débats du contre-concile de Naples; mais on serait ici tenté de croire qu'il tiendra ses assises à huis clos, car on s'en préoccupe beaucoup moins qu'en France. D'autres voulaient observer l'aspect de Rome pendant la tenue du concile œcuménique; mais le prix des moindres logements n'y étant pas au-dessous de cent francs par jour, les curieux ont reculé devant la dépense.

Tous, dès ce soir, nous remontons à bord de l'*Alphée*, auquel il faut soixante heures au plus pour nous transporter à Marseille. Nous goûterons, pendant deux ou trois jours, dans la cité phocéenne, le repos immédiat indispensable à des gens qui, en un mois, ont fait plus de deux mille lieues sur mer et trois ou quatre cents lieues sur terre ; puis, tout dispos, prêt à rentrer en lice, j'irai me placer à vos côtés.

Je vous serre cordialement la main !

E. DE LA BÉDOLLIÈRE.

FIN

www.ingramcontent.com/pod-product-compliance
Lightning Source LLC
LaVergne TN
LVHW020348230826
846091LV00003B/1042
9782013670104